김석호 시집

나무새의 날개

김석호 시집

나무새의 날개

인간과 문학사

■ **시인의 말**

시를 쓰는 사람은 뜬 눈으로 밤을 하얗게 지새우고 스멀스멀 날이 밝는 여명을 감상한다.
아직도 아무것도 꿈틀대지 않는 고요한 새벽, 사방이 쑤시고 으스스한 몸을 늘어지게 기지개를 편 다음 창가에 앉아 커피를 조용히 혼자 마시는 나른함에 취한다.

마음이 멍하다.
몇몇 시인들이 시의 정체를 노래 한 말을 되새김 하여 본다.

시는 내가 쓰는 것이 아니라 내 몸을 빌려 흘러나오는 우주의 노래이다.
시는 영혼의 음악이다, 보다 위대하고 다감한 영혼들의 음악이다
시는 새로운 것을 시에 쓰는 것이 아니라 시를 쓰면서 새로워지는 것이다.
그러면 나의 시 정체는?
시란 인생과 자연과 우주에 대하여 작은 사기그릇에 담은 보석 몇 개의 반짝임이다.

역시 명석하지 못하고 멍하다.
나는 위의 시詩라는 정체에 이끌려 오직 혼자 하는 노동에 시달렸나 보다
당장은 만사 다 잊고 푹 단잠을 자고 싶다
시가 되어 나를 떠나 다른 사람들에게 날아간 것에 홀가분하고 싶다.

시여! 괴롭히지 말아 다오.
부디 기쁨을 다오.

2013년 10월 24일
새벽 커피 향기에 취하면서……
김 석 호

목차

■ 시인의 말

1부

나무새 • 10
꿈꾸는 승강기 • 12
안테나 끝에 앉은 까치 • 14
가랑잎의 꿈 • 16
풀잎이슬 • 18
수정별 • 20
허공섬 • 22
회다지 소리 • 24
안경 쓴 그림자 • 26
풀밭에 누워 • 28
가을호수 • 30
진달래 꽃 • 32
천년의 고요 • 34
아오자이 소녀 • 35
가을을 훔친 아이 • 36
하루를 지우는 하늘 • 38

2부

하늘이 없다 • 42
별 꽃 • 44
물방울이 마지막 바다를 만날 때 • 46
날개 • 48
명경明鏡 • 50
신점神占 • 51
소라껍질의 노래 • 52
제부도 야경 • 54
사막초 • 56
갈대 • 58
촛불 앞에서 • 60
결혼여행 • 61
하늘아이 • 62
달빛 소나타 • 64
참새의 하루 • 66

3부

나를 뽑았다 • 68
흙을 만지며 • 69
암호 해독하기 • 70
마지막 여행 • 72
감자를 깎으며 • 74
야생화 • 76
저녁노을 • 77
산속일기 • 78

잡초의 몸부림 • 80
단풍 • 82
못 떠나는 가랑잎 • 83
가을소풍 • 84
바람의 무게 • 85
호수집의 꿈 • 86
달빛 • 88

4부

춤추는 물 • 90
겨울나무 • 92
금모래 물빛 달밤 • 94
까막눈(1) • 96
까막눈(2) • 98
설경 • 100
풀잎 밀어 • 101
백룡동굴에서 • 102
눈망울 • 104
시나이 산 별빛 • 106
하늘 • 107
보름달 • 108
홀씨의 꿈 • 110
나의 시 • 112
겨울국화 • 114

■ 물아일체物我一體의 시학 • 115
유한근(문학평론가 · 디지털서울문화예술대 교수)

1부

나무새

나무는 높은 산위로 한 걸음 더 올라
뿌리를 날마다 튼튼히 박고 한 치라도 더 높이
하늘로 오르고 싶다

나무는 더 높은 곳에서 더 멀리 더 넓게
세상을 보는 밝은 눈을 갖고 싶고
그 밝은 눈망울의 꿈은 가지마다 수없는 날개가 되어
수많은 가슴에게 날아가서
수많은 꿈이 되고 싶다

바람에 끝없이 팔랑이는 수많은 파란 잎새
간절한 기도와 힘겨운 땀방울에 날아가서
그의 꽃으로 활짝 피고
그의 탐스런 열매가 된다

오늘도 더 멀리

날아가는
눈부신
나무새

꿈꾸는 승강기

S병원의 승강기는 안으로 들어가는 순간
무표정한 굳은 로봇이 되고 밖으로 우르르 나오는 순간
살 것 같은 묘한 기분을 준다
밀폐된 좁은 공간에 갇혀 시선 둘 곳 없이 숨죽이는 시간은
갑갑하고 조바심이 날 때가 있어도 아무도
계단을 천천히 오르내리지 않는다
병원 안은 사방곳곳에 컴퓨터 천국이다
의사도 간호원도 환자도 청소 아줌마도 모두
컴퓨터를 두드린다. 모두 입고 있는 유니폼이 어색하게
스마트폰도 가지고 있다
금방 질식시킬 듯 차가운 금속성 번뜩이는 승강기는
독하게 꿈꾸는 것이 있다
우선 우주 정거장까지 단숨에 오르는 승강기가 되는 것
그러다가 확실히 달에서 살 수 있는 기술만 획득하면
머지않은 장래에 달까지도 눈 깜짝 할 사이 오르는
승강기가 되는 것. 이미 수성에
생명이 살 수 있는 물의 흔적이 있다는 정보는
정신 번쩍 들게 하고 두 주먹 불끈 쥐게 한다

지금 불야성의 빌딩숲 승강기의 원대한 꿈의 속도는
시공을 누비며 분초를 다투고 있다
얼마나 멋진 신세계인가? 활짝 두 팔 벌리고 이른 새벽
소리치고 싶은 환상이여, 꿈이여!

이른 아침부터 환하게 왁자지껄한 1층 병원 대합실
간밤에도 환자가 몇이나 죽어 나갔는데 슬픈 심정은 하나
없고
한결같이 대형 텔레비전 화면 서해안 급박한 전쟁 도발
긴급 뉴스에 어수선한 모습들,
아무래도 갑자기 큰 일이 터질 것 같은
분위기에 젖어 있다. 아직까지 기울지 못한 새벽 늦달이
희미한 황소 눈 껌뻑이며 수상한 병원안 기웃거린다

안테나 끝에 앉은 까치

안일한 굴레 속에 안주하는 일상
나는 어느새 무심병 환자가 되었다
아침마다 습관이 되어 신문을 펼치지만
눈에 쏙 들어오는 기사가 없다

까치도 세상일에 무관심 한가보다
차가 달리거나 비행기가 날거나
홍수가 나서 사람이 죽거나 아무 관심없다
오늘은 난데없이 줄곧 옥상 안테나 끝에 앉아 귀를 쫑끗거린다
사실 매순간 엄청난 역사가 벌어지고 있는 우주인데
아무도 까마득히 모르고 있다

깍깍깍 깍깍깍
유난히 운다
지금 천상에는 상상 못할
어머어머한 일이 벌어지고 있어요
아무리 알려도 아무도 모른다

답답하다
천상에서 전파된 소식
아무도 모른다

매순간 신비스런 비밀이
일어나고 있는데…….

가랑잎의 꿈

땅에 떨어져 우수수
이리저리 흩날리는 가랑잎
이젠 할 일 없이 쓸모없는 낙엽이라고
수군대는 눈총 받는다

아니다, 이제부터다
이제부터 정말 할 일이 있다
땅속에서 고스란히 썩어
영양 많은 거름이 되는 것이다

썩어서 흙이 되고
부드러운 거름이 되면
새봄에 다시 온갖 싹이 터서
푸르게 쑥쑥 자라
꽃피고 열매 맺을 때
그 큰 보람
그 큰 영광
어디에 견주리

오늘 아침 산책 길
새 한 마리 죽었다
땅속에 묻혀 좋은
거름이 된단다

살다가 죽는 것
아무 슬퍼 할 일 아니다
새로운 희망이
꽃이 되는 것이다

풀잎이슬

이슬이 투명한 일념으로 집착하는 것
가장 짧게 살면서
가장 빛나게 사는 살길 찾기

그래서 간밤엔 해맑은 뜬눈으로
온 신경 곤두세워 살핀 것은 가로등 불빛아래
떼 지어 날아들어 한바탕 미친 듯 놀아나다
하루의 반의반도 못산 채
우수수 깨알같이 죽은
하루살이 시체들

잘 나면 얼마나 잘 났고
못 나면 얼마나 못 났나
그저 한바탕 춤추며 놀다가
훌훌 가면 그 뿐

새벽부터 방향 감각 잃은 종종걸음 향하여
이슬은 아침 해 솟아오르는 순간

영롱한 진주알 잠시 반짝이다
데구루루 어디론가 사라졌다

아직 세상에는 순간 포착
초점 맞추는 렌즈가 없어
어설픈 사진들만 네온 불빛아래
현란하게 전시한다.

수정별

수정이 아빠는
5살 샛별 같은 딸을 지구에 떨궈 놓고
인공위성에 몸을 싣고
까마득히 멀리 떨어져서
아내가 있고
아들 있고 친구가 있고
자신이 몸담던 연구원, 대학교가 있는 지구를
망원경으로 보았다
눈물겹게 아름다운 수정별이다

말도 많고
탈도 많은
다시 돌아가서
살다 죽을 곳

간절히 두 손 모은다

부디 서로 손잡고 여한 없이 살다가
죽을 수 있는 반짝 반짝 빛나는
해맑은 수정별이 되어다오

허공섬

그동안 어찌하다가
이리도 허술하게 무방비였나?
지팡이도 하나 없이 고공 30층 아파트 허공에서
어쩌다가 이리 핑 돌며 어지러울까
하루하루를 잘 살기 위해 해 저물면 어김없이
꼭 한 번씩 자신을 되새김질하는 저녁시간 찾아 왔는데
여전히 그림자 안개 속을 헤매다가
튼실히 뿌리박고 하늘 향해 기운찬 한 그루
나무가 되지 못하고 허공에서 흔들리는
현기증 환자가 되었다

모두들 산으로 바다로 떠나는 주말
혼자 우두커니 흔들리는 창문 안에서
도저히 되돌아 갈 수 없는 까마득한 수직 벼랑아래
깔깔대는 놀이터 아이들이 한없이 아련하다

사다리도 밧줄도 없는
위태로운 공중의 허공섬에

혼자 갇혀 아무런
대책이 없다

회다지 소리*

산골짜기 타고 마을로 내려오는
마지막 소리
온 동네 숨죽여 기울인다
뉘엿뉘엿 한 줄기 햇살 손길 멈추고
영그는 들녘 곡식과 함께 주저앉아
조용히 기울인다

오백년 살아온 느티나무
덩그러니 텅 빈 정자
도랑가 빨래터 아낙네
냇가 풀밭 누렁이 소
싸리 울타리 고추잠자리
모두 미동도 없고
숨죽여 기울인다

들릴 듯 말 듯
애호 달호, 애호 달호
점점 가까이 점점 또렷이

이제 가면 언제 오나
애호 달호, 애호 달호
저승길도 험한 손가
애호 달호, 애호 달호
허망하고 허망토다
애호 달호, 애호 달호

봉분까지 다지는 구성진 회다지
귀 절벽 등굽은 노파 못 듣고
마당 가득 빨강 고추 말린다

뉘엿뉘엿 내일이
저승길인데……

---

* 회다지소리 : 시신을 땅에 묻고 흙과 회를 다지며 부르는 경기민요.

안경 쓴 그림자

하늘이 빤히 내려다보는 환한 대낮에
눈뜨고 코 베이는 세상
이미 호랑이 담배 피던 옛날이야기
지금은 훨씬 고단수 세상, 가면이 여러 개 필요해
인파가 많이 들 끓는 곳일수록
진짜 같은 가짜가 판을 치지
아무리 나는 못 속인다고 똑똑한 척 해봐야
눈 깜짝 할 사이 가품이 명품으로 둔갑하는
마술 체면에 걸리는 요지경속
저 검은 선글라스의 해맑고 복스런 웃음속에
한 치의 허점도 놓치지 않는 날카로운 비수를 주시해야 해
절대 순진하게 겉만 보고 홀랑 넘어가면 안 된단 말이야
어젯밤, 안경 쓴 그림자로 변신하여 나갔을 때
모두 다 감쪽같이 속는 것 보았지
바로 그거야, 어두운 밤에 까만 옷을 입고 얼굴 온통 가리는
검은 안경 끼고 등장 했을 때 모두들 하얀 미소를 띤
하얀 이빨만 본거야. 정말 감쪽같이 속여서
지갑 속에 숨긴 돈 슬쩍 하는 것, 식은 죽 먹기였어

옷이 날개란 말, 개도 거들떠 보지 않는 구식 거짓말
옷은 나를 숨기고 나를 변장시키는 가면이야
시시각각 진실과 거짓이 둔갑하는 그림자 세상
네온사인 불빛아래 형형색색 안경과
형형색색 옷들이 현란하게 주목을 끄는 백화점 한복판
아무 대책 없이 한사람
멍하니 서 있다

풀밭에 누워

솔향기 그윽한 풀밭에 누웠다
가슴 넓은 하늘이 반갑게 미소 짓고
구름이 단걸음에 달려온다

그동안 몸속에 얼마나 많은 독을 품고
살았는지 스르르 독기가 한없이 빠지며
사르르 잠이 쏟아진다

꿈속인 듯 어머니 품안인 듯
사는 게 그리도 힘들었냐는 자장가
은은히 들린다

솔솔 귀에 들리는 솔바람 소리
몸이 겉만 번지르르 한단다
아무래도 풀내음 무릎에
오래 누워야 된단다

둥둥 포근한 구름 침대에 실려

한없이 선량한 하얀 토끼가 사는
유년의 고향 달밤으로 이송되는
환자가 된다

가을호수

아스라이 어디선가 들려오는 종소리
이젠, 때가 가까이 왔어요

외로움도 무디고
그리움도 무디어진 노부부
낙엽이 우수수 마지막 머무는 벤치에
더 쇠잔하기 전 조용히 머문다

이리 저리 흔들렸던 심신
더욱 지친 발걸음 되기 전에
모두들 호수처럼
고요하고 싶었나 보다

오늘은 유난히
살짝 건드려도 스르르 스러질 듯
바람도 미동 없이 고요하고
뉘엿뉘엿 햇살도 고요하다

건너편 과묵히 서있는 노송 가지에
고적한 한 마리 학은 은은한 달빛 찾아오면
바위와 함께 긴 침묵으로
온 밤을 하얗게
수놓으려나보다

진달래 꽃

철부지 유년의 고향산천에 너무 지독하게 핀 붉은 꽃
괴기한 이야기 나돌아 동네가 온통 뒤숭숭 하였다
젖망물 물오르는 '분녀'라는 소녀가 싱숭생숭 몸살 나는
봄날 꼬임에 아지랑이 길 따라 꽃놀이 갖다가
문둥이에게 간을 뺏기고 반송장이 되어
옷이랑 신발이랑 다 내 던지고
미치광이 알몸으로 온 동네 날뛰었다

그 해 봄날은
문둥이 손, 발, 얼굴 문드러지는 피고름이
처녀 귀신되어 온 산을 뻐꾸기 울음으로 뒤덮이고
끝내 꽃상여 곡소리 긴 여운 남기며
구성진 봄비 통곡 꼭꼭 숨어서 들었다

지금 여기 낯선 먼 곳 화창한 봄날
상기된 붉은 꽃 은근한 미소 짓고
뻐꾸기 찾아와 다 못한 깊은 곡절
자꾸만 들려준다

꿈속까지 아득히
잊어버린 추억
점점 생생히
달려온다

천년의 고요

어느 노승 입적入寂후
흔적 없는 토굴암자
아무도 모른 채 잡초만 무성한데
천년의 침묵으로
홀로 지키는 고목
삼라만상蔘羅萬像
만고풍산萬苦風霰 겪은 자태
쓰러져 나뒹군 돌부처 보듬고
뉘엿뉘엿 늦가을 햇살
부서진 바위 조각에
칼날처럼 머물러

훠이훠이 덧없어라
훠이훠이 구름의
헛꿈이어라

아오자이 소녀

안개비 속 해집고
여기까지 찾아와
갈 곳 모르는
막막한 방랑자

낯선 이국땅
잠시 쉬는 나무 그늘
얇을사 하얀 바람 옷에 몸 숨기고
속 깊은 은은한 미소로
다가오는 수줍은 소녀

살폿한 연정
달빛에 보일 듯 말 듯
옥수슬로 속삭이고

살며시
기대어 떨리는
전율

가을을 훔친 아이

텅빈 들녘
간밤에 또 한 걸음 가을이 성큼 뒷걸음 치고
된서리 하얗게 눈부신 아침
연못에 빠진 가랑잎
살얼음에 으스스
오금 저릴 때

누이 종아리 같은
싯퍼런 청무우 번쩍 뽑아든 아이
동구 밖 내질러 줄행랑친다

어제는 까치밥으로 대롱대롱 매달린 감
꼴깍대는 군침에 감나무 흔들다
쨍그랑 간장 단지 깨뜨려
할아버지 불호령에 걸음아 나 살려라
도망 친 아이

오늘은 살금살금 대추나무 오르다 혹 하나 달고

옆 집 담장 밤나무에 돌팔매질하다
불이 번쩍 뒤통수에 주먹혹 생겼다

그래도 온 동네가 신나는 늦가을
할 일없이 심심한 늦가을 햇살이
넌지시 미소 짓는다

하루를 지우는 하늘

새하얀 종이 한 장 들고
또 다시 고민에 빠지는 아침
언제 긴장을 풀고 기지개하며
편안히 창밖을 내다 볼 수 있을까
어서 속히 평온한 호수에
유유히 노니는 한가로운
백조가 되고 싶다

신문을 펼치면
하루도 편할 날 없는
연일 피명울 터지는 야단법석
상상을 초월하는 끔찍한 일들이
사방 곳곳에서 터지고
기절초풍 할 일들도 터지고
서로 원수가 되어 악마의 소굴로
아우성치는 지상
하늘은 저무는 노을로
하루를 지운다

모두들 만족하고 흡족하며
서로 손잡고 덩실 덩실 춤추는 그림
언제 그려지려나

내일 아침은 또 한 번
백지 한 장 손에 들고
담배 연기 길게 뿜어내는
창밖 풍경이 되겠지

2부

하늘이 없다

홀랑 벗고 하루 종일 돌아쳐도
아무 부끄럼 없는 알몸으로
자라던 아이는 초롱초롱한 눈망울로
하늘을 가슴에 담고 여름밤 멍석에 누워
별을 헤며 별꿈을 꿀 때 까지는
손 뻗으면 잡힐 듯 하늘이 그 만큼에 있었다

언제부턴가 하늘은
잡힐 듯 잡히지 않는 무지개가 되더니
그럴듯하게 보이는 가면에 눈독을 들이고
환상병에 걸려 전신이 마비되어
점점 침침한 시력이 되어
하늘은 막막한 허공이 되었다

안경을 썼다
도수 높은 안경을 썼다

도수가 높을수록
하늘이 더욱
보이지 않는다

별 꽃

활활 타오르는 가을 산속에
가볍게 훌훌 몸 던지고 싶어
상큼한 숲속으로 찾아드니
한 발작도 못 들어가는 덩굴 숲
상처투성이 또 하나의 막막함은
포로롱 작은 새의
날갯짓이 부럽다

별스럽게 상큼한 내음 가득한
햇살과 바람의 손길이 닿는 감촉
한바탕 속살까지 간지럼 타서
꿈속에 노니는 천진스런 아이 되어
깔깔깔 하하하 배꼽 잡고
뒹굴고 싶다

숲속에서
눈 지그시 감으니 보인다
낮에는 별이 모두 내려와

영롱한 이슬 머금고 야생화 꽃이 되고
밤이면 야생화가 훨훨 올라
총총총 반짝 반짝
별이 된다는 별천지 전설

별과 꽃은
서로 마음이 오가는
가벼운 심신이다

휘이휘이 가벼운
별꽃 한 송이로 피고 싶다

물방울이 마지막 바다를 만날 때

빗방울이 지상으로 내려올 때
이미 헤아리기 어려운 하늘 눈물이 가득 베었고
새의 눈물도 눈 속에 고였다
산의 험한 계곡을 따라 아래로 내려오는 긴 여정
감돌고 굽이치는 바위에 온 몸 갈기갈기 찢기고
소용돌이치면서 절실히 체험한 것
산다는 것이 얼마나 기구한 눈물인가를
깊이 깨달았다는 사실
귀엽고 어린 손녀의 눈물도 짰다
끝내 바다를 만나는 순간의 길목에서
유유히 큰 강물이 된 눈물은 한 번 크게 숨을 고르고
천천히 사색에 잠긴다

산다는 건
어디를 살펴봐도 겉으로 울고 속으로 울어
고약하게 출렁이는 눈물은 결국
짜디짠 소금이 된다는 것

물의 고도가 한없이 곤두박질하는 하강은
앞만 보고 너무 멀리 온 길 되돌아 갈 곳 없이
자신을 잃고 최후에 또 다른 세상으로 들어서는 길목

지상에 한 번 머물기 위해
몸부림치며 흘린 그 숱한 눈물
끝없는 소금바다가 될 때
뉘엿뉘엿 석양에
반짝이는 이유가
목 메이게 눈부시다

그때 아찔하고
현기증 나는 햇살 한 가닥

날개

높이 날고 싶어
날마다 옷바람 훨훨
날갯짓하는 족속들아!
비상하는 새의 눈부신 나래에
사기 당하지 마라

새는 단지 살기 위한 몸짓일 뿐이다

갑자기 대책 없이 넘치는 급류에
밤새도록 안절부절 거센 폭우 줄줄 맞으며
어린 새끼 품는 어미의 따슨 날개
얼마나 절박하게 눈물겨우냐?

배고파 보채는 자식의 노랑 주둥이에 넣어 주려고
하루 종일 하늘 휘젓는 날갯짓은
또 얼마나 치열한 생존의 몸부림이냐?

밤 날개는

별과 달이 훤히 보이는 둥지에서
추위를 견디는 이불일 뿐이다

새는 자유와 희망을 쟁취하기 위해
높이 비상하는 것이 아니라
치열히 살기위해 날면서 똥을 싸고
한 뼘이라도 더 높이 날 뿐이다

새가 되고 싶은 헛꿈이여
햇빛에 반사하는 금빛나래에
현혹되지 마라

명경明鏡

찬 서리 가을 이른 아침
톡, 갈잎에 떨어진 홍시
속살 어찌 그리 꽉 영글어
뼛속에 깊숙이 오싹한 단맛
번쩍 정신 든다

햇살에 반지르르 윤기 나는 알밤
꽉 찬 속살 입 안 가득 맴도는 고소한 맛
오곡백과 금물결 가을 들녘에
발길 끌린다

쨍그랑
당장 머리위로 떨어져
피투성이 될 것 같은
청아한 가을하늘
빈쭉쟁이 맨몸
고스란히 들켰다

신점神占

잠깐 왔다 가는 것 내색하기 싫어
가만가만 내리는 가을비 맞으며
아무도 모르게 속 깊이 감춘 것 속삭인다
만약 갑자기 몹쓸병 걸려 한 달 후 죽는다면
이만큼 살만큼 살았고
더 누릴 복과 영광도 없으리니
살다가 남길 것들 남에게 짐 되지 않게 하고
뒤에 오는 이들이 힘겹게 활짝 피울
한 송이 꽃을 위해 한 줌
거름이나 된다면 여한 없겠다 싶다

그래도 몇 걸음 철학관 보이니
아직 얼마 더 살려나
한 번도 못 본 신점神占이나
한번 볼까

가을비와 한참 더
조용히 걷고 싶다

소라껍질의 노래

이 세상 태어나 마음 편히
젖 한 번 제대로 빨지 못한 채
덩그런 나팔 집에 홀로 남겨진 소라
드넓은 까마득한 바다에서 가여운 고아가 되어
날마다 뼛속 깊은 외로움은 지치도록 서럽게 울다가
어느 날부터 슬픈 바다 노래가 되었어요

그 노래 너무도 가슴 저미어
먼저 하늘나라 올라간 엄마가 데려 갔어요
허지만 홀로 떨어진 빈 소라 껍질은
밤마다 검푸른 파도에 이리저리 나뒹굴어
더욱 서러운 노래를 불렀어요

어느 날 하얀 맨발의 소녀가
소라껍질 노래에 마음 이끌려
날마다 고이 가슴에 품고
귀를 기울였어요

소라껍질은 꿈같이
찾아온 고마움에 별빛과 달빛과
바람이 춤추는 바다 노래를
온 몸으로 열심히 불렀어요

오늘밤도 하얀 소녀는
찰싹 찰싹 사르르 찰싹
은은한 밤바다 노래 들으며
고운 꿈나라 달려갑니다

제부도 야경

무엇에 이끌려
이렇게 멀리 달려와서 취해야 하나

물 때 맞춰 길 트인 모세길
들어가고 나오는 끝없는 행렬
사는 게 얼마나 못 견딜 일이면
한 순간 이리도 벗어나고 싶었을까
지금까지 중심줄 꽉 잡고 쉼 없이 끙끙대며
지칠 줄 모르게 땀 흘려 살았지만
한 고개 넘어 또 한 고개
숨 찬 고갯길 이었다

사는 게 참으로 호락호락 않다는 걸 깨닫는 순간
잠깐 정신 줄을 느슨히 하고 취해야 한다는 걸 알았다
맞다, 맨 정신만으론 못 살지
때로는 한 잔 술에 취해서 이리 빙글 저리 빙글
돌아야 기분 좋은 걸

그런데 기우는 술잔에 번뜩이는 바다 비늘 하나
아! 짜디짠 소금물로 옹골차게 살아온 바다도
사는 게 눈물겨워 한 잔 술에 취해서
저리도 흔들흔들 밤 춤을 추는구나

그래, 잠시 다 잊자
한 순간이나마 바닷바람 타고
홀가분하고 상쾌하자
내일을 재충전하여 다시 기분 좋은 발걸음 되도록
술 한 잔에 시원한 바다가 되자

사막초

그 꼴
눈 뒤집혀
천지개벽하는 불호령
모세의 십계명

그 시나이 산* 찾아가는 길에
목말라 목말라
비틀어지는 사막초

밤마다 별빛은 애가 탄다
까마득한 날부터 젖과 꿀이 넘치는 낙원의 꿈
애처로운 한 포기 풀에 목숨 걸었다

난데없이 길을 내고 차車가 질주하는
사람들의 눈독이 또 무슨 일 저지를까
불안한 열풍 숨 막히게
회오리치는데

별빛은
불타는 태양열 이겨내는 생명력을 위해
밤새도록 두 손 받쳐 정성껏 모은 이슬로
숨 가쁜 불덩어리 몸을 식히고
자신의 기운 모두 불어 넣는다

사막초
강인한 오아시스의 꿈
외롭지 않다

---

* 시나이 산 : 이집트 시나이 반도 남쪽에 있는 산. 여호아가 모세에게 계시를 주고 이스라엘 백성과 계약을 맺은 산.(십계명)

갈대

하늘 향한 꼿꼿한 자세
생명 같은 지조인 양 세월이 흐를수록
땅속에 뿌리 더 깊이 박고 흔들리지 않으려는
나무에게 깊은 애정을 보내며
갈대는 가냘픈 바람결에도 온 몸이 흔들리는
자신을 본다

날마다 주시하는 예리한 눈빛 날에
온 몸을 베이며 아프고 또 아파서
미친 듯 몸부림쳤다

나 홀로 예민한가
너무도 잘 보이고 잘 들리고
생생히 손 끝에 닿는 날카로운 칼날소리

한 순간도 빈틈없는 투명한 눈초리로
꿰뚫어 보는 호수의 물빛 날
정수리로 내리 꽂히는

청아한 허공 날

매일 온 몸을 맴도는
번뜩이는 칼날에
몸부림치며 심신을 닦아
영롱한 이슬이 되는
단련을 한다

촛불 앞에서
― 나의 존재론

나를 이 세상에 있게 한 생일
한바탕 축하파티로 왁자지껄 하다가 쥐죽은 듯
고요히 깊은 밤, 달빛 혼자 노니는 거실에 조용히 나왔다
커튼을 내려 한 결 어두운 공간에 촛불을 켜고
물끄러미 바라보는 나
내 앞에 가물가물 타오르는 촛불
그게 바로 나였다
그런데 조금 전 어두울 때 보이지 않았던 한 자루 초
그것도 바로 나였다. 출생 전 나는 이미 그렇게 있었다

점점 작아지는 초 한 자루
살면서 나는 점점 작아져서
어딘가로 자꾸만 사라지는 것이다
그러다가 어느 순간 다 타서 꺼지면
영영 보이지 않는 초 한 자루

언젠가 나도
그런 순간을 맞으리라

결혼여행

가장 청명한 날을 택하여
가장 열애하는 뜨거운 청춘 한 쌍
가장 축복해 주는 수많은 시선 받으며
거추장스러운 것 모두 버리고
서로 애무하며 짝짓기 하는 고추잠자리

곧장 눈부신 신혼여행 떠난다

참, 여한 없이 산다

하늘아이

참, 바보야 우리 할아버지
겨우 4살짜리 나도 잘 아는데
지난번 아이스크림 값도 잘 모르고
모두들 다 아는 요즈음 춤과 노래도 모르고
가고 싶은 곳도 없는지 할머니랑 신나게 여행도 안가고
맨날 죽을 똥 살 똥 시詩만 쓰고 있대요
나는 한바탕 고추잠자리랑 맨발로 뛰어논 그날 밤
말랑말랑한 구름 이슬집 타고 하늘나라 갔어요
그 집은 너무나 말랑말랑 솜구름 집이라서
어떤 곳에 부딪혀도 부서지지 않고요
풍선처럼 두둥실 가볍게 날아올라
사르르 아무 소음 없이 마음대로 다녀요
너무 말갛게 투명해서 보이지도 않는
은깃털 날개로 훨훨 눈부시게 날아요
사방 온통 맑은 이슬 유리로 뒤덮혀서
창문 활짝 열면 시원한 바람
따스한 햇살 가득히 들어오고
밤에 커튼 활짝 열면 하늘세상 먼저 알리려고

좌르르 반짝반짝 별빛 서로 손짓하며 달려와요
내 꿈 이야기 제일 재미있게
귀담아 듣는 우리 할아버지
소음 하나 없고 기름 한 방울도 없이
마음대로 아무 곳이나 갈 수 있는 '구름 이슬 집'같은
인공위성은 언제 나오냐고 물으면
아직 까마득한 세월 흘러야 한데요
초롱초롱 내 눈동자 눈 맞추기 궁색하여
그저 마냥 웃으며 나를 꼭 껴안고
자장가 불러서 얼른 하늘나라 보내요
나는 시詩 쓰느라 심신이 납덩이 같이 무거운
할아버지 그냥 두고 나 혼자
천사가 사는 하늘나라 달려 갑니다

달빛 소나타

휘영청 손에 잡힐 듯 찾아온 달빛이
하얀 설원의 피아노 연주로
노을 선율을 가득히 채운다

뼈를 잃은 낙엽은 숲속에서
한 번 더 감정이 무디어 지고
자욱한 안개 호수에서 다시 한 번 쇠락하더니
외진 산기슭에 이르러 마지막 숨결로
희미한 초가 불빛이 되었다

여기에 한 생을 내려놓은 여울물 소리

굽이쳐 감돌아 흐르는 강물 따라
휘몰아 감기며 마지막 닿은 부엉이 우는 달밤
이 밤이 마지막인 양 가냘픈 등불을 위하여
최후 안식의 기도는 인디언들의 주문처럼
불꽃춤으로 일렁이고 새하얀 눈이여!
설음으로 눈물로 펑펑 소리죽여 내리누나

깊은 산간 마을 겨울밤 더욱 은은히 흐르는
피아노 소나타 제 14번 음율
온 밤을 하얗게 물들인다

참새의 하루

잠시도 쉴 틈 없이 바쁘다
땅에 내려와 수없는
작은 벌레의 꿈조각 쫓고
때로는 화사한 꽃씨의
꿈 조각도 쫓고
포로롱 나뭇가지에 올라
수없는 열매 꿈 조각 쫓고

풀속에 가면 풀 조각 꿈
물가에 가면 물 조각 꿈
너무 바빠서 병이 날 틈도 없다
여기저기 수없이 꿈 조각 쫓다가
잽싸게 꿈 씨앗 물었다

참새는 오늘
하루 종일 꿈 조각 쫓다가
꿈 씨앗 심었다

3부

나를 뽑았다

하루 종일 풀을 뽑았다
기막히게 극성스러운 풀
며칠사이 온 사방 풀 천국이다
죽어라 뽑은 자리 속이 후련하다

어느새 저녁 해
허리를 펴고 노을을 보았다
아! 잡초 무성한
나를 뽑았다
이렇게도 나에게
잡초가 많았나

거울 앞에서
오래토록 나를
들여다보았다

흙을 만지며

한 사내가 텃밭에 쪼그려 앉아
하늘의 십계명을 찾는다
가장 높은 것의 영광은
가장 낮은 곳에 임하여 이루어지리니
뿌리를 박지 못하는 하늘은
새가 추락하는 허공일진데
빛이 가장 보듬어 머무는 곳에
뭇 생명 나고 자라
영광을 얻을 지어다

높은 하늘 우러러
경건히 두 손 모은 사내는
비지땀에 새소리 아련하고
빙빙 도는 샛노란 하늘
녹스는 금궤 흙속에
더욱 깊이 묻는다

암호 해독하기

나는 잠 못 이룬다
가을밤 깊은 귀뚜리 소리
이 산 저 산 목메이는 두견새 소리
보슬보슬 보슬비 소리
소르르 소르르 새하얀 눈 오는 소리와
쓰르르 쓰르르 풀벌레 우는 소리 때문에

때를 맞춰 꼭 전하고 싶은 메시지들
아직 암호 해독을 못한 조바심은
끙끙 속앓이 중증 환자이다
오늘 아침 산책길에도
포르르 날아가는 작은 새
해 솟아 오르기 전 풀잎이슬 속삭임
전하고 싶은 듯 한바탕 지저귀고
쑥부쟁이꽃, 무슨 할 말 때문에
자꾸 빤히 보건만 나는 어리둥절
멍하니 바라볼 뿐

암호 해독하여
그 정보 속 시원히 알 때까지
나는 밤마다 잠 못 이루고
썼다가 지우는 못난 버릇
못 고칠 것이다

마지막 여행

어머니, 당신의 그 여행이
마지막 여행임을 이제야 알았어요
낯설고 험한 그 황토길
음산한 꽃샘추위가 벌판을 휘몰아치고
흙먼지 휘날리는 산 고개 굽이굽이 돌아
민간인 통제구역 찻길 양옆 음흉한 철조망 지뢰밭
최전방 검문소 헌병의 삼엄한 검문 받으며
큰 아들 찾아온 대남방송 들리는 민통선 깊숙한 마현리

오늘, 어설픈 횡성군 청일면 유동리 찾아와
생전 처음 만나는 낯선 코스모스 가을 길 걷다가
더덕 향내음 아사한 산골짝 더덕 안주로
막걸리 한 잔에 취하니 낯선 먼 곳
아들 찾아온 고독한 어머니 모습 떠오릅니다
아마 북으로 넘어간 아버님
마지막으로 보고 싶었나요
쿵 쿵 대포소리 나는
최전방 찾아 온 그 눈시울

어머니
이 자식은 언제 어느 낯선 곳
마지막 여행을 하오리까
온통 어머니의 가을이 물든
낯선 어느 들녘입니다

감자를 깎으며

그 바닷가에서 스친 상념
만약 언젠가 죽어 환생한다면
물고기 펄떡이는 푸른 해변에 마음껏 나는
갈매기가 되리라

한 겹 한 겹 양파 껍질을 벗기고
감자 껍질을 깎다가 날카로운 비수가 되어
눈앞에 번뜩이는 상념

여기까지 와서 내 손에 잡힌 생명줄은
여기서 그만 끝나는가?
흰 속살 냄비 속에 들어가
펄펄 끓어서 한 끼 식사로 내 뱃속에 들어가면
아무 일도 없었다는 듯 그의 종말이 되는가?

칼질을 멈추고
가스불을 끄고

커피 한 잔 마시며
멍하니 창밖을
내다보았다

야생화

자신의 몸을 가시로 무장하고
정겹게 손 한번 만질 수 없는 눈웃음으로
6월의 태양마저 유혹하는 눈부신 치맛자락
장미의 어둔 밤을 위하여 지상 가득 종을 울린다

그 장미의 반대편 먼 하늘 자락
시나이 사막의 폭염은 칠흑 회오리바람 몰려와
고난의 긴 행렬 낙타의 지친 걸음 멈출 때
무명초無名草의 가난한 기도가
좌르르 쏟아지는 눈물겨운 별빛 되어
잃은 길 찾게 했다

타는 목마름에 오장육부가 숯 덩어리 되고
현기증에 쓰러진 사막초
밤이슬에 목추기는 기력으로 다시 일어나더니
무명화無名花의 끈질긴 생명력
긴 여울 달빛 미소로 은은히
내일을 속삭인다

저녁노을

한 걸음 한 걸음
힘겹게 오르면서
앞모습 그 얼마나
아름다우려고
가쁜 숨 몰아 쉬었나요

한 걸음 한 걸음
마음 조여 내려가며
뒷모습 그 얼마나
고와지려고
힘겨운 구슬 땀 흘리나요

짊어진
사는 무게의
빛깔이여!

산속일기

텃세가 장난이 아니다
어제는 빨알간 딸기가 유혹해서 숲속을 들어가다
스르르 뱀의 공격에 콩닥콩닥 간이 천장에 닿았다

텃밭에 억센 잡초들
하루 종일 호미 들고 그들과
전쟁을 하였다
어디 한 번 붙어보자
내가 이기나
네가 이기나
서로 뒤엉켜 실랑이 벌리는데
근질근질 여기저기 풀독이 올랐다

가만히 약을 발랐다
나무 그늘 바람이 살살 불어 줄 때
너희들도 악착같이 살려고
모두 무기가 있구나

호미를 팽개쳤다
풀이 웃었다
서로 악수하고 화해했다

잡초 무성한 산속집
벌, 나비, 꽃과 한데 어울려
살날을 기약하며 뜨거운
초여름 햇살이 마냥
평온하다

잡초의 몸부림

농부의 호미 날에 수 만 번 창자가 터지고
목이 잘리던 쇠비름이 귀신에 홀린 듯
청정 일급수 一級水에 목욕하고 가지런히 머리 빗겨
이름 없이 천대받던 무명초 잡초들은 서로 얼싸안고
설움에 복받쳐 대성통곡 하였다
그동안 모진 천대와 멸시
온갖 고난과 뼈에 사무친 원한
한꺼번에 솟구쳐 눈물바다 이루어서
차마 목이메인 구름 덩실덩실 춤추었다
그동안 처절하게 짓밟히고 척박한 곳에서
모질고 끈질기게 살아온 기구한 육신은
끝내 썩고 뭉그러터져 피고름으로
고약한 냄새만 진동할 줄 알았는데
결코 독이 아니라 병을 고치는 명약이란다
서럽고 서러운 핍박에 고개 들고 하늘 한 번 못 쳐다본
기구한 운명은 깊고 짜디짠 눈물바다를 꿀꺽 삼켜서
아픈 몸을 고치는 명약이 되었다

이제사 잡초들은 목 놓아 외친다
'이 세상에 잡초는 없다
아무리 독한 독초라도 복수를 하는
악초는 되지 않는다' 라고

단풍

가시 덩쿨 헤치고 기어이 찾아온
맨발의 여인이 붉게 타고 있다
옷 하나 벗으며
또 하나 벗으며
활 활 타고 있다
드디어 최고의 절정
아찔한 누드
속까지 폭발해서 현기증 난다
순식간에 바싹 마른 초가지붕
활 활 불기둥 솟고
마당 밖으로 뛰쳐나오는
활 활 타는 여인의 알몸
미쳐 날뛰는 불춤이다

모두들 숨 막히고 숨죽이는
한 낮

못 떠나는 가랑잎

쉼 없이 나래짓하는 새는 늘 안타깝다
한 번 제대로 피지도 못한 채 구천을 떠도는
수많은 꽃망울을 위하여 밤새 목메이게
서러움 토하는 귀뚜라미

올 가을도 우수수 모두 떠나서
텅 빈 들녘 지나는 찬바람 따라
마지막 떠날 마음 조급한데
발목을 잡는 가녀린 손
심한 상처 아직 아물지 않은
들국화 한 송이

돌담 달빛에서
발걸음 멈췄다
촉촉한 눈시울 적시는 별빛과
다시 한 번 하얀밤 지새야 한다

가을소풍

새하얗게 잊었던
정말 밤잠 못자고 설레었던
유년의 산들 산들 코스모스 소풍
청아한 드높은 하늘이
손짓한다

한 번도 못 가본
꼭 한번 가고 싶은 곳
그때처럼 막 뛰어가고 싶다

유난히 오늘따라 가슴 가득
산마루 뭉게구름 따라
단발머리 소녀가
숨 가쁘게
달려온다

바람의 무게

천상의 셈법으로 반지르르 빛나는
항아리는 항상 자신의 무게가 없다
오로지 제 한 몸 짓눌려서
지극정성 남을 귀하게 담을 때만
제 값이 나온다
아무리 독하게 윤기 나는 빈 항아리로 멋스러워도
아무도 관심 없이 지나치고
참새마저 얄밉게 빨랫줄에 앉는다

보이지도 만질 수도 없는 바람은
볼 수도 만질 수도 없는
허공의 계산기를 두드린다
시공을 초월하여 온 세상 찾아드는 노동으로
뭇 생명 숨 쉬어 따뜻한 맥박 뛰게 할 때
그 어디에도 있는 듯 그 어디에도 없는 듯
자신을 달아 보는 저울은 없다

살그머니 내 볼을 스치는 숨결의
추억마저 끝까지 지우면서……

호수집의 꿈

아무것도 모른 채 유유히 희희낙락 떠가는 유람선
충주호 호수에 잠긴 초가집은 이미 오래전에
물고기의 궁전이 되었지만 실향의 꿈 버리지 않았다

점점 아련해 지는 그 옛날
어찌 그렇게 가난한 행복 누렸을까
어젯밤 꿈속에 다시 또 그리던 동구 밖 고목 느티나무 도랑 길 끝자락
초라한 토담집, 3대 대식구가 옹기종기 살았고
새봄마다 강남 제비 찾아와 새끼 낳고 살았지
부엉이 우는 새하얀 겨울밤, 순한 눈망울 껌뻑이며
누렁소 달빛에 취한 되새김질하고
책보 메고 고갯마루 내리막에서부터 달음박질하면
어디선가 한 걸음에 달려와 껑충 반기는 멍멍이 있었지
싸리 울타리엔 참새떼 짹짹거리고 꿀꿀 미련둥이 돼지
삐약삐약 노란 병아리 암탉 수탉 가족과 오물오물 순하디 착한 토끼도 함께 살았지. 비오면 두꺼비 어그적 어그적 기어 나오고

뒤안 통나무 굴뚝 옆 바위굴에서 집지킴이 뱀도 스르르 기어 나왔지
달밤이면 지붕 위 주렁주렁 박덩이 참 새하얗게 덩그랬고
할머니 귀신 나오는 옛날이야기에 손자는 꿈나라 갔지

허리 굽은 하얀 백발노인 지팡이에 의지해서
뿌리가 없어 매일 어지러운 고층 아파트 버리고 찾아왔다
호수 속에 잠긴 집 너무 반가워 맨발로 물위로 떠올랐지
눈시울 적시며 휘이 휘이 내 젓는 노인의 두 손 덥석 잡고
너무도 말문이 막히지. 이젠 이 세상 어디에도 없는 가난한 행복의 집
그 꿈 죽기 전에 언제 다시 이룰까

하염없이 눈시울만 적시는 세월의 무게
오늘따라 휘영청 밝은 보름달도 그렁그렁
눈시울 적신다

달빛

하루 종일 허둥거렸다
메모 한 쪽지를 잃어버린 때부터
시간에 쫓기고 밤늦게 시내버스 타려고
허겁지겁 뛸 때는 앞으로 넘어졌다

왜? 그렇게 갈팡질팡 하였나?

집 골목 들어서는데
달이 미소 지으며
슬그머니 등을 두드린다
너무 새삼스러워
깜짝 놀랐다

고향에 두고
까마득히 잊은 달
참, 반갑다

4부

춤추는 물

가장 거슬리는 일
죽어서도 오래 기억되기 위하여
천년 고찰 외진 구석에 이끼 낀 낯선 비석이 되는 것

최고의 낙
자유스럽게 사는 것이지
누군가 꽁꽁 얼음 덩어리로 묶어 두면 따슨 햇살에
재빨리 줄줄 녹아 물이 되면 그만이야
또 누군가 냄비 속에 가두어 뚜껑을 닫으면
펄펄 끓는 물이 되어 한바탕 소란을 피우면
곧장 해방되어 자유스럽게 되는 것이지
삶 자체가 출렁출렁 얼씨구 절씨구 춤추는 것
바다로 흘러가거나 물결치거나
바위에 부딪치거나 이리 덩실 저리 덩실
가장 최고의 황홀한 춤은 하늘로 오르는 춤
너무도 가벼운 흰 연기 춤이라서
아무리 눈 씻고 봐도 잘 보이지 않지
그러나 빗방울 되어 땅으로 추락하는 낙하춤

역시 기분이 만점이지

얼씨구 좋다 절씨구 좋다
마음대로 올라가고 내려오는 허공춤
겉도 없고 속도 없고 때로는 자신을 모두 버려서
아무 것도 보이지 않는 빈 몸이라야
훠이훠이 자유롭게 출 수 있는 것이야

겨울나무

앙상한 맨몸으로 추운 겨울 버티는 이유
실존을 확실히 증명하기 위한 것

지금 눈앞에 있지도 않고 보이지도 않지만
가슴속에 어머니 모습 생생히 기억하며
절을 올린 어젯밤 제사는
허상에 사로잡힌 실수이다

바위처럼 눈앞에 우뚝 서 있고 뚜렷이 보이고
손으로 만지면 분명히 실감나게 만져질 때
실존하는 존재이다. 그렇다면
만질 수도 없고 보아지도 않지만 밝고 따스한
햇빛의 감촉은 무엇인가
아무리 손으로 잡으려 해도 잡히지 않고
보이지 않는 허공인데 이리도 시원한
바람의 감촉은 무엇인가
방금 전 눈감고 심취해 감상한 음악소리
그림자 허상에 깜빡 속아 놀아난 것인가

겨울나무
찬바람 속에서
실존하는 존재에 대하여
긴 시간 맨몸으로 탐구한다

금모래 물빛 달밤

달밤에 취한 연인이
해변을 걷고 있어요
묻혀 있는 사연을 까마득히 모른 채

해변의 달밤은 별마저 손짓하여
가슴 가까이 더욱 은하수를 펼치고
은은한 깊이를 왜 그토록 잔잔하게 하는지
아직 아무도 모릅니다

그대여! 귀를 내 입술 가까이 살짝 대어요
은물결이 저리도 반짝여 설레이게 하는 것은
오랜 세월 굽이굽이 오만 시련 견디고
이리저리 부딪히며 감돌아 흐르다가
여기 머물게 된 사연 때문이라오
금모래의 기구한 운명 들어 보세요
벼락 치던 그 칠흑 밤, 거대한 바위 하나
굉음을 내며 구르고 박살나고
끔찍한 고통 속에 으스러지다가

오랜 인고의 세월 끝에 이리도 작은 알갱이로
보석인양 반짝이는 것입니다

그런데 아직도 여전히
파도가 조약돌에 수없이 부딪치며
반질반질 윤기 흐르는 몸을
왜? 더욱 어루만지는지
아무도 모릅니다

아무것도 모르는 연인
금모래 물빛을 달밤과 함께
취할 뿐입니다
지워지는 파도 발자국 따라……

까막눈(1)

나무는 예리한 눈이 둘 있다
가장 높이 치솟은 가지 끝에 달린 망원경 눈은
여전히 까마득한 하늘 비밀 관찰하고
가장 땅속으로 깊이 박힌 뿌리 끝 현미경 눈은
살다가 죽은 영혼들 다시 환생하려고
꿈틀대는 지하세상 탐구한다
두 눈은 일맥상통하여 서로 감쪽같이
정보를 공유한다

나무숲에 둥지 틀고 사는 새
나무의 정보 귀담아 듣고
자신도 기막힌 귀신 눈을 가졌다
숭숭 하늘이 보이는 집에서
비오는 밤에도 총총총 별빛 볼 때
부지런한 비상으로 수집한 정보를 토대로
추락하지 않는 하늘집 설계하다가
나무 숲속 보금자리가 가장 최상의 낙원인 걸
검증 받았다

나무와 새는 내일이 훤히 잘 보여서
아침마다 설레는데
문밖 나설 때마다 훤히 앞이 안 보여
허둥대는 나는
날마다 까막눈 세상이다

까막눈(2)

언제부터인가 참 답답한 나를 보았다
멀쩡한 두 눈을 뜨고 아무것도 보지를 못한다
도수 높은 안경을 썼지만 마찬가지다
차라리 말 한마디 듣고도 단번에
자기 딸 알아보는 눈 먼 심 봉사가
참 부럽다

이 세상에는
너무 엄청나게 큰 것
또는 아주 작은 것
너무 멀리 있는 것
너무 가까이 있는 것
너무 높이 있는 것
너무 낮게 있는 것
너무 깊이 있는 것
너무 얕게 있는 것
너무 넓게 있는 것
너무 좁게 있는 것

한없이 엄청나게 많은데
아무것도 제대로 못 본 채
확실히 똑바로 모르고 산다

어제는 거울 속 나를 뚫어지게 보고도
내가 누군지 잘 몰라서
멍하니 한동안
허공을 응시했다

그런데 까막눈으로 꼭 보고 싶은 것이 있다
살다가 숱하게 사라졌지만 아직 아무도 돌아오지 않은
저 산마루 구름 세상
꼭 한 번 보고 싶다

설경

눈 밝은 하얀 눈이
하얗게 내린다

숱한 눈 먼 헛걸음 위해
간절한 마지막 기도를 올리고
한 구비길 하얗게 지우고
두 고갯길 하얗게 지우고
산마루 구름길도 하얗게 지워서
깊은 산골 오지에 새하얀 세상 만들었다

꿈속에도 꼭 한 번 가고 싶고
높이 날개 저어 꼭 한 번 가고 싶고
죽기 전에 꼭 한 번 가고 싶은 곳

수호천사
마지막 혼신의 힘으로
꼭 찾아오라고
온 밤을 서성인다

풀잎 밀어

강동 경희대학교 병원 뒤 오솔길
촉촉이 밤새도록 이슬 머금은
풀잎이 속삭인다
하늘문 들어서는 엄숙한 뒷모습
거기가 어디냐고 묻지 말아요
점 점 더 아득할 뿐이지

차라리 천진스런
순진한 아이들 모습 보며
남몰래 잔잔한
미소를 지어요

그저 사랑하며
열심히 살아요

백룡동굴에서

앞장 선 안내원 불빛 따라
어딘지 모르는 이리저리 꾸불한 동굴 안을
쪼그려 기고 엎드려 기어서
도무지 종잡을 수 없는 깜깜 절벽 지점에 닿아
몇 십 년 묵은 귀신 도사인양 정좌하고
무섭도록 고고한 침묵 속에 침잠했다

지금 나로부터
수천 년 전, 수만 년 전, 수억 년 전
수천 년 전후, 수만 년 전후, 수억 년 후
걷잡을 수 없는 헤아림

도대체 어떻게 얼마나 무수한 억 겹의 역사와 변화가 일어나
지금 이런 세상이 되었고
또다시 얼마나 어떻게 무수한 역사와 변화가 생겨서
먼 훗날 그 날은 어떤 세상이 될까?!

엉금엉금 밖으로 나왔을 때

눈부신 햇빛에 산산이 부서지는
동굴 속 깜깜한 침묵 덩어리

한동안 어지러운 나는
납처럼 무거운 철학 덩어리 깨뜨리지 못하여
동굴 밖을 벗어날 수 없었다

눈망울

누가 눈[目]은 잘 보기 위해 꼭 필요한 것이라 했나

그 순하디 어린 것이 혼자 산속에서 얼마나 두렵고 외로웠으면
가출하여 남의 낯선 개집에 들어가서 그렁그렁 울었을까
한 번도 집 비우지 않는 주인 잘 만난 이웃집 개들 얼마나 부러웠을까
자기만 춥나, 허구한 날 집 비운 채 깜깜 소식 없는 무심한 주인
얼마나 원망스러웠을까

수없이 까맣게 탄 외로운 산속 깊은 밤
지치도록 울먹이다 주인 만날 때 얼마나 반가우면
온 사방 이리저리 껑충껑충 뛰다가 와락 품에 안기어
그렁그렁 찡하게 온 몸을 떨까

이 밤 하얗게 온 가슴 다시 멍해진다
눈[目]은 잘 보기 위해서가 아니고

그리움 잘 전하기 위한 것
온 몸 가득한 외로움 서럽게 가득히
잘 전하기 위한 것

시나이 산 별빛

삭막해서
황폐해서
목말라서
죽을 힘으로
울부짖는
사막초여!

광활하게 영원히
불타는 지옥
시나이 산*
눈물겨운
지독한 별빛이여!

---

* 시나이 산 : 구약 성경의 출에굽기에 나오는 산.
　　　　　　모세가 이곳에서 하느님으로부터 십계명을 받았다고 함.

하늘

그동안 하늘의 숱한 표정은
지상 낙원을 위해 땀 흘린 신들의 희로애락이다
오늘 유난히 고고하고 청아한 자태로 눈길을 끄는 것은
가장 단아하게 몸 단장한 신들이 가장 평화롭고 복된
낙원의 설계도를 마무리 하였다는 소식이다
신은 아직도 아무도 못 간 높은 하늘 성전에서
이만큼 건설된 지상 세상은 주시하고 있다
방금 빛의 속도를 따라 잡으려는 비행기가
창공을 가로지른 과학문명 세상, 그동안 수많은
시행착오의 결실로 이룬 업적이다
낙원을 위하여 아직 기약 없는 현재 진행형인데
오늘 하루, 가장 심각한 문제
목적도 없고 근거도 없이 사는 것
그저 허무맹랑하게 막연하게 산다는 것

어제의 기록 지층으로 쌓이고
또 밤이 오는데 꼭 해결해야할
문제이다

보름달

팔 내밀면 손에 잡힐 듯
가장 가까운 별
그동안 수없이 오고 가야 했는데
아직도 새삼스럽게 바라보기만 하는
둥그런 원시림

아직도 개수나무
옥토끼만 살고 있어
청정한 태고 적 신세계

나, 일찍 떠나 버린 고향
바로 저기에 있나
어찌 저리 투명히 환할까?
단숨에 달려가고 싶다

그 아득한 처음 날엔
지구도 달처럼 저렇게
청명히 보였을거야

지금 당장
덩실 덩실 뛰어가서
한 번 두 팔 벌려 시원한 공기
들이 마시고 냉수 한 바가지
벌컥 벌컥 들이키고 후련하게
벌렁 눕고 싶다

홀씨의 꿈

잡초는 얼마나 모질게
살아가야 하는지 그동안 너무도 똑똑히 보았다
험한 세상 잘 살아 가려면
자식부터 온 천지에 많이 흩어져서
악착같이 뿌리를 내려야 한다

유별나게 하늘 청아한 늦가을 날
복스럽게 바람 부는 날
홀씨가 훨 훨 날아간다
날개가 없어도
가볍게 더 가볍게
단련한 몸으로

언젠가 제 몫을 다해서
큰 광채가 나는 귀한 몸이 되어
걷는 발걸음마다

보물이 쏟아지는
바로 그 날을
꿈꾼다

나의 시

있다가 없어진 것들이 수많은 사연
살다가 죽어간 생명의 수많은 사연
어이 헤아릴까?

오늘 당장 땀 흘려 생생히 사는 모습들
헤아리기 힘든데
어제부터 거슬려 쌓인 그 숱한 과거의 일과
내일부터 끝없이 생기는 미래의 무수한 일
어찌 헤아릴까?

나, 위에 위에 그 위에……
나, 밑에 밑에 그 밑에……
나, 오른편 오른편 그 오른편에……
나, 왼편 왼편 그 왼편에……
수없는 비밀 어찌 캐어낼까?

오늘밤도 하얗게 지새지만
겨우 별빛 몇 알 주워 담는

작은 사기 그릇

그 주워 담은 나의 별빛은
남에게 다가가서 얼마나
영롱한 반짝일까?

허지만 작은 내 그릇 떨어져
산산조각이 나면
쨍그랑 그 후의 정적
그 후의 여운
또한 어찌하리

겨울국화

그녀는 국화가 너무 좋아
가을 내내 향기에 취하더니
국화차 마시며 국화 여인이 되었다

나도 국화가 너무 좋아서
손끝 한 번 스치지 못한 채 바라만 봤더니
가을이 깊을수록 청초한 자태
더욱 다가와 미소 지었다

된서리 한 참 지나 첫 눈 오는 날
소중히 집안에 들여 놓기만 했는데
국화는 혹한에도 고운 자태
끝까지 흩뜨리지 않다가
추위 속에 다소곳이
숨 거두고 더 먼 여정 떠나는
채비를 한다.

■ 김석호 시인의 시세계

물아일체物我一體의 시학

유한근
(문학평론가 · 디지털서울문화예술대 교수)

그를 처음 만났을 때, 그는 이미 시인이었다. 시 창작의 새로운 지평을 여는 계기를 마련하기 위해 그가 대학에 왔을 때, 그는 이미 천상 서정시인이었다. 교장선생님이라기 보다는.

그 때 나는 '원 소스 멀티-유스'시대의 문학의 역할이 무엇인가를 탐색하기위해 '영상문예창작론'에 관심을 두고 강의를 준비할 때였다. 문학이 폐기처분될지도 모른다는 위기의식은 정체된 이미지로부터 역동적으로 움직이는 이미지를 영상으로부터 차용하여 꿈틀거리게 했다. 그 때 시인 김석호는 비선형성과 상호작용이 용이한 사이버공간의 비의적 구조에서 자신의 시세계의 새 지평을 열어보려는 창작적 노력을 하려 했던 것으로 기억한다. 지금도 그 세계는 변함이 없지만, 그는 자신의 시의 정체를 "인생과 자연과 우주에 대하여 작은 사기그릇에 담은 보석 몇 개의 반짝임"(〈시인의 말〉에서)으로 인식하는 시인이다. 그 보석의 정체가 무엇인가는 이 시집 ≪나무새의 날개≫에서 탐색되어질 것이다. 시인은 시 〈바람의 무게〉에서 "천상의 셈법으로 반지르르 빛나는/항아리는 항상 자신의 무게가 없다/오로지 제 한 몸 짓눌려서/지극 정성 남을 귀하게 담을 때만/제 값이 나온다"고 '항아리'를 노래한다. 그렇다면, '바람의 무게'만큼, 혹은 항아리처럼 무게가 없는 시인은 무엇을 담아야 제 값이 나올까? 이 화두를 풀기 위해 우선 이 시집의 책명인 '나무새의 날개'와 관련이 깊은 것으로 보이는 두 편의 시를 보자.

나무는 높은 상위로 한 걸음 더 올라
뿌리를 날마다 튼튼히 박고 한 치라도 더 높이
하늘로 오르고 싶다

나무는 더 높은 곳에서 더 멀리 더 넓게
세상을 보는 밝은 눈을 갖고 싶고
그 밝은 눈망울의 꿈은 가지마다 수없는 날개가 되어
수많은 가슴에게 날아가서
수많은 꿈이 되고 싶다

바람에 끝없이 팔랑이는 수많은 파란 잎새
간절한 기도와 힘겨운 땀방울에 날아가서

그의 꽃으로 활짝 피고
그의 탐스런 열매가 된다

오늘도 더 멀리
날아가는
눈부신
나무새

─시〈나무새〉전문

이 시에서 '나무새'는 이중적인 의미를 갖는다. 사전적 의미는 땔나무의 총칭, 혹은 나무숲을 의미하지만, 새처럼 날고 싶은 나무들, 혹은 나무숲이라는 의미로 이해해도 좋을 것이다. 이 시에서 나무는 1연처럼 뿌리를 깊게 박고, 가지는 하늘로 더 높이 오르려 한다. 니체의 말에 대입하면, 나무 가지는 '아폴론적인 것'이며, 뿌리는 '디오니소스적인 것'이다. 그리스 신화에 의하며, 전자 아폴론적인 것은 '빛의 신'으로 로고스적 즉 이성적 혹은 밝음으로 지향하는 성질의 것이며 후자 디오니소스적인 것은 '술의 신'으로 파토스적 즉 감성적이고 즉흥적인 성질을 지닌다. 그러나 이 시〈나무새〉는 상승이미지인 아폴론적 성향 혹은 로고스적인 성향이 강하게 지니고 있다. '새'의 이미지도 다르지 않다.

한편, 시〈새〉는 새의 이미지를 새롭게 인식한다.

높이 날고 싶어

날마다 옷바람 훨훨
날갯짓하는 족속들아!
비상하는 새의 눈부신 나래에
사기 당하지 마라

새는 단지 살기 위한 몸짓일 뿐이다

(...)

새는 자유와 희망을 쟁취하기 위해
높이 비상하는 것이 아니라
치열히 살기위해 살면서 똥을 싸고
한 뼘이라도 더 높이 날 뿐이다

새가 되고 싶은 헛꿈이여

－시〈날개〉에서

시〈날개〉에서는 새가 높이 나는 것은 "자유와 희망을 쟁취"하기 위한 것이 아니라, "치열히 살기 위"한 "몸짓"일 뿐이라는 것이다. 그래서 시적 화자 김석호 시인은 새가 되고 싶은 것은 '헛꿈'이라고 단언한다. "비상하는 새의 눈부신 나래에/사기 당하지" 말고 "햇빛에 반사하는 금빛나래에 현혹되지 마라"고 한다. 기존의 새에 대한 인식과는 변별성을 보여준다. 기존의 것이 자유와 고독과 비상이라는 밝은 이미지이고 디오니소스적이었다면, 김석호 시인의 '새'는 이 시〈날개〉에서도 다분히 로

고스적이고 아폴론적이다. 지적이고 절제를 요구하는 메시지가 숨겨져 있다. '새'가 지니고 있는 피상적인 이미지를 현실적인 이미지로 환치시키고 있는 셈이다.

시인은 '새'가 되기를 원한다. 열린 공간에 자유롭게 나는 새, 하늘로 비상하는 새의 초월의지를 흠모했기 때문이다. 그리고 새처럼 노래하고 싶기 때문이다. 그러나 김석호 시인은 새를 현실로 끌어내린다. 시 〈나무새〉에서 나무를 '새'로 비유한 것은 새의 비상이 단지 살기 위한 하나의 몸짓과 다르지 않다는 시 〈날개〉의 메시지와 의미망을 교직시키기 위한 것이다.

> 이슬이 투명한 일념으로 집착하는 것
> 가장 짧게 살면서
> 가장 빛나게 사는 살길 찾기
> …
> 하루의 반의반도 못산 채
> 우수수 깨알같이 죽은
> 하루살이 시체들
> —시 〈풀잎이슬〉에서

시인은 위의 시 〈풀잎이슬〉에서 '이슬'을 "하루살이 시체"로 인식한다. 그리고 이슬이 투명한 것은 "가장 짧게 살면서/ 가장 빛나게 사는 살길 찾기"라고 말한다. 전자의 인식은 누구도 할 수 있다. 후자의 '이슬의 투명성'을 이렇게 인식한 시인을 나는 본 적이 없다. 생명의 찰나성과 그렇게 더욱더 찬란한 삶이라는 인식은 사물의 자기화를 하지 않으면 가능한 인식이 아니다. 화자인 시인과 그의 대상이 되는 사물이 일체하지 않으면 가능한 미학이 아니다. 물아일여物我一如의 경지를 깨닫지 못하면 가능한 미의식이 아니다.

시 〈천년의 고요〉에서 보여준 자연에 대한 관조와 물아일체의 미학이 아니면 가능하지 않다. "어느 노승 입적人寂후/흔적 없는 토굴 암자/아무도 모른 채 잡초만 무성한데/천년의 침묵으로/홀로 지키는 고목/삼라만상森羅萬象/만고풍상萬古風霜 겪은 자태/쓰러져 나뒹군 돌부처 보듬고/뉘엿뉘엿 늦가을 햇살/부서진 바위 조각에/칼날처럼 머"무는 자연에 대한 관조와 덧없음을 깨닫지 못하면 가능하지 않다. "저무는 노을로/하루를 지우"는 우리의 일상을 본체를 치열하게 인식하지 않으면 가능하지 않다. 그러한 치열한 인식은 시인 김석호는 감각적으로 표현한다.

또 다른 한편의 시 〈물방울이 마지막 바다를 만날 때〉를 보자.

(...)
지상에 한 번 머물기 위해
몸부림치며 흘린 그 숱한 눈물이
끝없는 소금바다가 될 때
뉘엿뉘엿 석양에

반짝이는 이유가
목 메이게 눈부시다

그때 아찔하고
현기증 나는 햇살 한 가닥
　　　　　－시〈물방울이 마지막 바다를 만날 때〉에서

위의 시는 "빗방울이 지상으로 내려올 때/이미 헤아리기 어려운 하늘 눈물이 가득 베었고/새의 눈물도 눈 속에 고였다"로 시작한다. 빗방울이 하늘 눈물과 새의 눈물과 함께, 그리고 손녀의 눈물과 함께 합수하여 큰 강물로 흘려 바다로 나간다. 바닷물이 짠 것은 눈물이 강물 되고 바다가 되었기 때문이라는 것이다. 또한 "산다는 건/어디를 살펴봐도 겉으로 울고 속으로 울어/고약하게 출렁이는 눈물은 결국/짜디짠 소금이 된다는 것"이라고 시인은 말한다. 이러한 인식은 다소 논리적 비약이 심하기 해도 감성의 논리로는 가능한 부분이다. 그렇게 된 '물방울'이 위에 인용한 시구처럼 눈물이 소금바다가 될 때, 석양은 눈부시게 반짝이고, 그것을 바라보는 시인은 "목메이고 눈부시"며 "아찔하고/현기증"이 난다는 감각은 물아일여의 미학을 감각적으로 표현한 하나의 예이다. 눈부시게 반짝이는 노을이 눈물 때문이라는 감성적 논리는 시인을 목메게 하고 아찔하게 할 것은 당연하다.

한편, 시〈저녁노을〉에서는 "짊어진/사는 무게"로도 인식한다. 그것은 "하늘이 없다"는 생각 때문이다. 시〈하늘은 없다〉는 유년시절의 하늘은 손 뻗으면 잡힐 듯했지만, 나이가 들수록 "하늘은 막막한 허공이 되었"고 "도수 높은 안경을 썼"을 때 "도수가 높을수록/하늘이 더욱/보이지 않는다"는 것이다. 하늘이 없다는 인식과 보이지 않는다는 인식은 시〈회다지 소리〉에서 보여준 민요와 끝연의 "뉘엿뉘엿 내일이/저승길인데 ……"의 선험적 인식 때문이다. 시〈신점神占〉의 후반부 "한 송이 꽃을 위해 한 줌/거름이나 된다면 여한 없겠다 싶다//그래도 몇 걸음 철학관 보이니/아직 얼마 더 살려나/한 번도 못 본 신점神占이나/한번 볼까//가을비와 한참 더/조용히 걷고 싶다"도 이런 맥락에서 가능한 시심이다.

시인 김석호 시의 또 다른 특성은 동심의 공간을 주유周遊한다는 점이다. 그는 동심을 그리워하고, 좋아하고, 지니고 있는 시인이다. 그러나 그의 동심은 어린이를 위한 시, 동시의 동심 공간이 아니라, 어른의 동심 공간이다. 그래서 특별하다.

철부지 유년의 고향산천에 너무 지독하게 핀 붉은 꽃
괴기한 이야기 나돌아 동네가 온통 뒤숭숭 하였다
젖망물 물오르는 '분녀'라는 소녀가 싱숭생숭 몸살 나는
봄날 꼬임에 아지랑이 길 따라 꽃놀이 갖다가
문둥이에게 간을 뺏기고 반송장이 되어
옷이랑 신발이랑 다 내 던지고
미치광이 알몸으로 온 동네 날뛰었다

그 해 봄날은
문둥이 손, 발, 얼굴 문드러지는 피고름이
처녀 귀신되어 온 산을 뻐꾸기 울음으로 뒤덮이고
끝내 꽃상여 곡소리 긴 여운 남기며
구성진 봄비 통곡 꼭꼭 숨어서 들었다

지금 여기 낯선 먼 곳 화창한 봄날
상기된 붉은 꽃 은근한 미소 짓고
뻐꾸기 찾아와 다 못한 깊은 곡절
자꾸만 들려준다

꿈속까지 아득히
잊어버린 추억
점점 생생히
달려온다

-시 〈진달래 꽃〉 전문

시 〈진달래 꽃〉에서의 '분녀' '문둥이' '처녀 귀신'의 이야기는 파편적인 드라마를 보는 듯하다. 미당의 〈질마재 신화〉와 같은 이야기시의 면모를 지니고 있다. 이 토속적인 이야기는 시인의 경험으로 치부하기 보다는 우리 민족의 이야기이다. 우리 모두의 유년의 정서적 체험이다. 그래서 잊어지지 않은 듯 점점 생생하게 파노라마처럼 달려온다고 화자인 시인은 말한다. 나는 이 글의 서두부분에서 시인 김석호는 "사이버공간의 비의적 구조에서 자신의 시세계의 새 지평을 열어보려는 창작적 노력을 하려 했던 것으로 기억"하다고 말한 바 있다. 정지된 이미지를 역동적으로 움직이게 하는 이미지를 이야기를 통해 영상시로 쓰려는 시도로 보아야 할 것이다. 자연을 모티프로 하는 시의 경우에는 다분히 정지된 화면처럼 움직이지 않는다. 그럼에도 불구하고 시인 김석호의 시는 영상이 활성화되어 동심으로 달려간다. 그 하나의 예는 〈가을을 훔친 아이〉이다.

> 텅빈 들녘
> 간밤에 또 한 걸음 가을이 성큼 뒷걸음 치고
> 된서리 하얗게 눈부신 아침
> 연못에 빠진 가랑잎
> 살얼음에 으스스
> 오금 저릴 때
>
> 누이 종아리 같은
> 싯퍼런 청무우 번쩍 뽑아든 아이
> 동구 밖 내질러 줄행랑친다
>
> 어제는 까치밥으로 대롱대롱 매달린 감
> 꼴깍대는 군침에 감나무 흔들다
> 쨍그랑 간장 단지 깨뜨려
> 할아버지 불호령에 걸음아 나 살려라
> 도망 친 아이

오늘은 살금살금 대추나무 오르다 혹 하나 달고
옆 집 담장 밤나무에 돌팔매질하다
불이 번쩍 뒤통수에 주먹혹 생겼다

그래도 온 동네가 신나는 늦가을
할 일없이 심심한 늦가을 햇살이
넌지시 미소 짓는다

―시 〈가을을 훔친 아이〉 전문

이 시 〈가을을 훔친 아이〉는 시인의 유년의 아이일 수도 있고, 시인의 손주일 수도 있으면 먼 미래의 모든 아이일 수도 있다. 가을을 제 것으로 할 수 있는 아이. 청무우와 감나무와 대추나무, 밤나무 그리고 늦가을 햇살과 같이 놀 수 있는 아이의 마음을 가진다는 것은 공자의 마음인 '사무사思無邪'의 마음이며 시심詩心이다. 하얀 맨발의 소녀의 슬픈 바다 노래인 〈소라껍질의 노래〉도 이와 같은 맥락으로 이해해도 좋을 것이다. "이 세상 태어나 마음 편히/젖 한 번 제대로 빨지 못한 채/덩그런 나팔 집에 홀로 남겨진 소라/드넓은 까마득한 바다에서 가여운 고아가 되어/날마다 뼛속 깊은 외로움은 지치도록 서럽게 울다가/어느 날부터 슬픈 바다 노래가 되었어요"라는 동화적 상상력으로 시작된다. 그러나 이 시는 "오늘밤도 하얀 소녀는/찰싹 찰싹 사르르 찰싹/은은한 밤바다 노래 들으며/고운 꿈나라 달려"간다는 서정적 상상력으로 마무리한다. 이 점이 시의 한계이기는 해도, 맨발의 소녀의 슬픈 노래가 소라껍질의 노래라는 등가치는 시의 감성의 논리임을 두말할 수가 없다.

있다가 없어진 것들의 수많은 사연
살다가 죽어간 생명의 수많은 사연
어이 헤아릴까?

오늘 당장 땀 흘려 생생히 사는 모습들
헤아리기 힘든데
어제부터 거슬려 쌓인 그 숱한 과거의 일과
내일부터 끝없이 생기는 미래의 무수한 일
어찌 헤아릴까?
(…)
수없는 비밀 어찌 캐어낼까?
(…)
그 주워 담은 나의 별빛은
남에게 다가가서 얼마나
영롱히 반짝일까?

허지만 작은 내 그릇 떨어져
산산조각이 나면
쨍그랑 그후의 정적
그 후의 여운
또한 어찌하리
  ―시 〈나의 시〉에서

시〈나의 시〉는 이 시집의 맨 마지막 장에 수록된 만큼 시인의 시학이나 시 창작 후기와도 같은 기능을 가지고 있다. '수많은 사연' '생생히 사는 모습' '과거와 미래의 일'들의 비밀을 시인 김석호는 캐어내려 한다. 그러나, 그는 자신이 캔 '별빛'이 영롱한가를 의혹한다. 자신의 그릇이 산산조각이 나고, 창작의 종말이나 그 여운, 즉 독자와의 교류 등에 대한 염려가 이 시의 요체이다. 그런 점에서 그는 아직 자신의 시의 새로운 지평을 열기 위해 부단한 모색을 실험한다. 영상시학이라는 단초로 해서 자연과 여일如一하기를 꿈꾸며 몰아일체의 시학을 완성하려하는 것이다.

시인 김석호의 시는 젊다. 감성이 젊고 그가 모색하는 시 지평이 젊음만큼, 그리고 부단한 창작적 실험이 젊은 만큼 그의 시는 우리의 기대에 부응할 것이다. 세 번째 시집 발간을 축하하며, 평론가가 아닌 대학의 스승으로서 끝까지 젊은 시 쓰기를 부탁한다.

김석호 시집

나무새의 날개

초판인쇄 | 2013년 10월 10일
초판발행 | 2013년 10월 15일

지은이 | 김 석 호
펴낸이 | 서 정 환
펴낸곳 | 인간과문학사

주　소 | 서울특별시 종로구 삼일대로32 길36
　　　　(익선동, 운현신화타워빌딩301호)
전　화 | 02)3675-3885, 063)275-4000
등　록 | 2013년 1월 16일 제300-2013-10호
e-mail | human3885@naver.com
　　　　inmun2013@hanmail.net

인쇄처 | 신아출판사
　　　　전주시 완산구 공북1길 16(태평동)
　　　　(063)275-4000

값 10,000원

ISBN 978-89-969987-3-0　　03810

* 이 책의 판권은 지은이와 펴낸곳에 있습니다.
* 저작권자의 서면 동의 없이 무단 전재 및 복제를 금합니다.
* 잘못된 책은 바꿔 드립니다.

이 도서의 국립중앙도서관 출판시도서목록(CIP)은 서지정보유통지원시스템 홈페이지(http://seoji.nl.go.kr)와 국가자료공동목록시스템(http://www.nl.go.kr/kolisnet)에서 이용하실 수 있습니다.(CIP제어번호: CIP2013020384)